CENIZA VIVA

La Fea Burguesía
—— POESÍA ——

Murcia
2026

La editorial es consciente de la necesidad
de los recursos naturales para consumir cultura
y de la colaboración en la conservación del medio ambiente.
Así pues, por la impresión de este libro, ha plantado
una ciprés (*Cupressus*) en el paraje
de El Horno en Cieza (Murcia)

«Ceniza viva»
© Magdalena Sánchez Blesa, 2026
© La Fea Burguesía Ediciones, 2026
Grupo Editorial Tres y Libros, SL
Murcia, España.
www.lafeaburguesia.es

Cubierta: Cristina Morano
Maquetación: Fernando Fernández Villa

Primera edición: abril de 2026
IBIC: DCF
ISBN: 979 13 991612 6 7
Depósito legal: MU 460-2026

Printed in Spain - Impreso en España

CENIZA VIVA

MAGDALENA SÁNCHEZ BLESA

Índice

A LA HUMANIDAD DOLIENTE

Esa frase reza como inscripción, grabada en la piedra, sobre el pórtico de la entrada del histórico Hospital Civil de Guadalajara (México), fundado por **Fray Antonio Alcalde** a finales del siglo XVIII. No es sólo una dedicatoria. Las dedicatorias, como las que encontramos al comienzo de los libros, parecen a veces un gesto breve, casi íntimo, unas pocas palabras dirigidas como un retazo amable. Sin embargo, en muchas ocasiones contienen también una declaración de principios, una brújula secreta que revela hacia dónde se dirige quien se adentra a través del pórtico, o en las páginas de la obra literaria en su caso.

A la humanidad doliente es también una promesa, la síntesis de una vida entregada a aliviar el dolor ajeno, a mirar de frente a los olvidados, a sostener con obras, no solo con palabras, a quienes la historia suele dejar en los márgenes del papel. Es, al mismo tiempo, una puerta abierta a la compasión y un compromiso radical con quienes más lo necesitan.

Cuando uno se adentra en la poesía de **Magdalena Sánchez Blesa** descubre que todos sus libros bien podrían comenzar así, con esa frase, con ese compromiso, con esa dedicatoria. Como dice en uno de sus escritos, para ser poeta te debe caber la humanidad entera en el corazón, y ella tiene el suyo repleto de salas infinitas donde acomodar a cada criatura que se sienta vulnerable. Los versos de Magdalena no nacen del adorno ni del artificio, sino de una mirada profundamente humana. No entiende la vida de otra manera y por eso riega su obra con estos principios; lo uno va con lo otro, ella es lo que vemos. Como el hospital levantado por Fray Antonio Alcalde, sus poemas y su relación con el mundo son edificaciones levantadas para acoger, para dar refugio, para curar las heridas invisibles, para poner nombre al sufrimiento que muchas veces el mundo prefiere callar, y para recordar que la ternura también puede ser una forma de resistencia. ¿Cómo, si no, se puede reflexionar sobre que *la mejor venganza es un abrazo*? ¿Cómo, si no, uno llega a verbalizar *no soporto ver triste a mi enemigo*? ¿Cómo, si no, uno dice sin complejos *voy a llorar, ¿qué pasa? Vivimos en un mundo que ya no llora apenas*?

La poesía de Magdalena no se limita a contemplar el dolor; lo reconoce, lo abraza, lo acuna y lo transforma. En sus palabras, tanto como en el salón de su casa o en el patio de atrás, en cualquier lugar donde se encuentre, habita la infancia vulnerable, la madre que lucha, el ser humano que tropieza y vuelve a levantarse. Porque ella dice lo mismo en privado que en público, no esconde nada. Cada poema suyo es una pequeña lámpara encendida en medio de la intemperie. Y en esa luz que se intuye en mitad del temporal, se reconocen quienes han sufrido, quienes han amado hasta romperse, quienes siguen creyendo, a pesar de todo, en la dignidad de la vida. Los seres dolientes de este mundo, que somos todos. Y llegas a creer, reconociéndote en lo que dice, que una pequeña luz en un páramo oscuro es capaz de iluminar el mundo entero.

Existe una antigua enseñanza recogida en el **Talmud** que dice: *quien salva una vida, salva al mundo entero*. La frase encierra una intuición poderosa: cada ser humano contiene, en cierto modo, la totalidad de la humanidad. Cuando una sola persona es escuchada, cuidada o rescatada del dolor, algo del mundo entero también se salva. Y esto es lo que impera en la obra y en la vida de Magdalena, y en su salón, y en su patio, y en los barrancos de Gebas por donde camina pensativa y descuelga el teléfono para recoger los restos de tantos y tantos naufragios.

Si Fray Antonio Alcalde levantó paredes y un techo para proteger a los cuerpos heridos y enfermos, Magdalena Sánchez Blesa levanta versos para cicatrizar el alma de quienes caminan por el mundo con cualquier sufrimiento. Ambos, desde territorios y tiempos distintos, comparten una misma vocación: la de no apartar la mirada del dolor humano y, sobre todo, la de responder a él con una forma profunda y radical de amor.

Entre las líneas de sus libros hay muchas voces rescatadas del silencio. Salvar una vida equivale a salvar el mundo entero, y la poesía, cuando nace de una verdad tan honda, se convierte en una forma silenciosa de salvación que se expande. Por eso este libro bien podría comenzar con aquella inscripción: **a la humanidad doliente**. Porque cada lector que tenga este libro entre sus manos, a buen seguro va a encontrar consuelo, reconocimiento y esperanza. La suya, la de todos.

David Perea Ríos

CENIZA VIVA

Ceniza viva es mi manera de decir
que hasta la muerte tiene sentido,
que no debemos perder nunca el optimismo,
la idea de que, aunque ya no estemos,
debemos seguir siendo un ejemplo
para quien nos recuerde
y nos lleve en un rinconcito de su pensamiento.

Ceniza viva es mi manera de decir
que no me conformo con haber vivido,
que mi muerte es una ocasión
para seguir enviando mi mensaje al mundo.

Yo estuve ahí,
aprovecha el tiempo,
disfruta y tiende tu mano
a quien decaiga.

Ahora soy ceniza,
pero ceniza viva que late,
que se preocupa de lo que dejó en el mundo
y le siguen doliendo los olvidados,
la gente sola,
la desdicha y la derrota
de los que viven el día a día
entre ratas y sarna.

Ceniza viva porque mis hijos son mi legado
y les dejo un encargo duro pero inmenso:
desparramad vuestra bondad por la tierra
y deteneos en los tristes.
Ellos me oirán en cada verso
que les dejo escritos.

Sabrán que su madre no descansa,
que sigue viva, vigilante,
para seguir siendo consuelo y dulzura
con quien solo ha recibido patadas y agresiones.

Ceniza viva porque seré ternura infinita
para quien me piense,
para quien me lea,
para quien un día sonría
cuando vea mi nombre en la portada de un libro.

Ceniza viva porque no se va
quien deja lo mejor de sí
en un mundo difícil
en el que las personas sin recursos
valen lo mismo que un escupitajo.

Por eso están en los estercoleros,
tirados en las calles como gusanos,
arrastrados por el mundo
buscando una mirada,
un mendrugo de pan duro,
la sobras del primer mundo.

Ceniza viva para ellos, para ellas,
para las madres infravaloradas,
para los drogadictos, para los enfermos,
para la gente olvidada
en un rinconcito del mundo.

Ceniza viva porque desde algún lugar del universo,
una motita de ceniza estará pendiente
de que sus hijos los defiendan y los valoren.

Siempre ceniza viva.

QUIERO VIVIR

Quiero vivir, vivir porque me toca,
vivir para ayudar a quien yo pueda,
vivir para evitar una injusticia,
vivir para calmar alguna pena.

Vivir y disfrutar desde temprano,
vivir para reír, para ser buena,
vivir para llorar cuando haga falta,
que hace falta llorar cuando se pueda.

Quiero vivir, vivir para escucharte,
llenar de amaneceres tu existencia.
Vivir para viajar y ver el mundo,
conocer a la gente de esta tierra.

Acercarme a la casa de los pobres,
echarles un vistazo a la nevera,
saber si sus pequeños han comido,
partir mi corazón sobre su mesa.

Vivir para acudir a los enfermos,
vivir para escribirles un poema,
proteger a los más desprotegidos,
acudir con urgencia a tu problema.

Ser madre de los niños que andan solos,
llevarlos de la mano hasta su escuela,

vivir para endulzar tus sinsabores,
vivir para reñir a quien te ofenda.

Defenderte de aquel que te haga daño,
alcanzarte la luna y las estrellas,
vivir para contarte en el oído
tu vida en verso para que la sepas.

Vivir, vivir, vivir dándolo todo,
derramando mi amor de puerta en puerta,
dejar en este mundo mi recado:
que la gente se quiera.

Vivir, vivir, vivir sencillamente,
y plena de vivir, que un día me muera.

SI ALGÚN DÍA

Si algún día, hijos míos,
os preguntase alguien,
que quién fue vuestra madre,
decidle que fui artista,
porque yo estudié el arte
de convertir la cena
de la noche de antes
en un guiso exquisito,
y no se enteró nadie.
Decid que fui poeta,
no por llenar de versos
una humilde libreta,
sino por enseñaros
a mirar a los ojos
de los más vulnerables.
Decidles que fui maga,
que con solo dos peces,
con solo cinco panes,
tuve que hacer milagros
para saciar el hambre
de gente derrotada
que me encontré en la calle.
Decidles, si os preguntan
que quién fue vuestra madre,
que fue una mujer rica,
que poseyó la luna,
que se bañó en los mares,
que celebró la vida

con sus dificultades.
Una mujer sencilla,
alquimista de sueños,
experta en tempestades…

NO SIENTO EL CORAZÓN

No siento el corazón,
no tengo aliento,
ya no sé respirar,
se me ha olvidado.
Voy en busca de mí,
mas no me encuentro.
Que alguien me diga
dónde me enterraron.
Que voy a abrir
mi caja de madera,
que me voy a agarrar
de la pechera
y voy a revivirme
de mi muerte.
Que alguien me diga
dónde me enterraron,
que me pierdo la vida
y es urgente.

MÍRAME A LOS OJOS, MUNDO

Mírame a los ojos, mundo,
y haz el favor de escucharme.
Dentro de un par de minutos
voy a salir a la calle.
Quiero, mundo,
que me pongas
una alfombra
cuando pase.
Da igual
lo que lleve puesto,
si es un sayo,
si es un traje,
si llevo el pelo morado,
un pendiente, un tatuaje,
o un moño color de rosa,
o un vestido de volantes.
Mírame a los ojos, mundo,
y hazme un guiño
cuando pase.
Te tiene que dar lo mismo
con quién me acueste de noche,
mundo,
y con quién me levante,
y si creo en Jesucristo,
en Confucio
o en Mahoma.

Cuando yo salga a la calle,
pon en mis pies
una alfombra.
No me mires de reojo, mundo,
no me lo merezco.
¿Tú que sabes
de mis penas?
¿qué sabes tú
de mis sueños?
Dentro de un par de minutos
voy a salir a la calle.
Mírame a los ojos, mundo,
y haz el favor
de escucharme.

PEDAZOS DE CORAZÓN

Quisiera yo arrancarme el corazón,
ir dándole pedazos a la gente.
—Toma un pedazo de mi corazón—
le iría yo diciendo
a quien me encuentre.
Y el día que me vaya de este mundo,
un doctor les dirá a mis hijos buenos:
—Su madre falleció,
lo siento mucho.
Y ellos responderán:
—Ni mucho menos.
Está su corazón latiendo aún
en las personas que la conocieron.

BUSCA Y CAPTURA

Estoy en busca y captura,
quieren enjaular mi lengua.
Nací demasiado libre
y al mundo le gusto presa.
Soy una mujer rebelde,
cuento la pena como es.
Si me anudan la garganta,
aprendo a hablar con la hiel.
Quien me quiera por callarme,
que me deje de querer.
Yo nací para ser grito
de los que no tienen voz.
Si me anudan la garganta,
grito con el corazón.
Yo quiero morirme libre
defendiendo la verdad.
Y cuando pregunte alguien:
—¿De qué murió vuestra madre?
Pueden contestar mis hijos:
—Se asfixió de libertad.

Hay dos hambres, hay dos.
Ninguna es buena.
Hay un hambre de pan,
y otra de letras…

DISCUSIÓN

He discutido conmigo,
hace días
dejé de hablarme.
Me doy pena,
no se crean,
pero tengo
que educarme.
Y no me miro
a la cara
mientras no me considere,
que estoy
hasta las narices
de ser
quien el mundo quiere.

PERDONADME LA EDAD

Perdonadme la edad,
pido disculpas.
Antes yo no era así,
pero la vida
te va desinhibiendo
y no puedo callarme,
porque os juro
que si callo
reviento.

Perdonadme la edad,
yo creo que es eso:
que uno cumple sus años,
que va pasando el tiempo
y se te va llenando
—no preguntéis qué sitio,
que yo no lo sé cierto—.

Si serán las entrañas,
el alma
o el cerebro...

Pero algo se desborda,
algo se desparrama
y sale por la boca
sin más:
allá va eso.

Y no puedes callarte,
porque entonces te ahogas
en tu propio silencio.

Perdonadme la edad.

Yo fui joven un día
y esto que ahora me pasa
no me pasó jamás.

Yo siempre comedida,
callada,
por si acaso
pudiera incomodar.

Ahora, madre mía,
ya tiene que hacer gracia
para que yo me ría...

SENCILLA

A ser sencilla aprendí
de mi padre y de mi madre,
que ponían en la mesa
para celebrar la vida
pan caliente con tomate.

Con dos pares de zapatos,
uno para los domingos
y otro para batallar,
los recuerdo tan felices.
No les hizo falta más.

La casa de un fontanero
con seis hijos por criar,
pues no es que fuera un palacio,
pero entre cuatro paredes
construyeron un hogar.

A ser sencilla aprendí
de mi padre y de mi madre,
de mi abuela Magdalena,
que sin pisar una escuela
aprendió lo que es el hambre.

Pues claro que soy sencilla,
si me he criado en los cerros,
salvaje, con mis hermanos

recogiendo en los veranos
la almendra de los almendros.

Si los reyes no tenían juguetes
para ponernos,
y no dejamos por ello
nunca jamás en la vida
de ayudarles y quererlos;
si hemos pasado más penas
que los perros callejeros,
sencilla hasta que me muera,
que yo sé lo que es
ser hija de un humilde fontanero.

Pues claro que soy sencilla,
como un manojo de esparto.
Es lo único que tengo
cuando me acuesto en la noche
y repaso mi inventario.

LA VIDA ES UNA BROMA
QUE NOS GASTÓ LA MUERTE…

Inspirado en mi hijo Jesús,
que un día dijo:
Cuando me muera,
sembradme.

Cuando me muera, sembradme
en un terreno fecundo,
que mi muerte no sea en vano,
que le dé flores al mundo.

Sembradme, que me convierta
en azahar de limonero,
que me liben las abejas
y hagan miel con mi recuerdo.

Sembradme y que las hormigas
construyan en mis entrañas
una despensa de trigo
para quien no tenga nada.

Cuando me muera, sembradme,
sembradme cuando me muera,
que quiero servirle al mundo
de pan y de primavera.

Soy tan responsable de lo que dije, como de lo que callé...

CONFIRMÉ MI SOSPECHA

Confirmé mi sospecha.
He ido al cementerio
y allí estaba mi nombre,
en una tumba fría.

Qué pena y qué dolor.
Morí, según la fecha,
exactamente el día
que me dejaste, amor.

A SOREN PEÑALVER...

Amo al Soren misterioso,
al Soren más imperfecto,
al que no comprende a Dios,
con ese Soren me quedo.

Por si acaso improvisa la muerte mi partida,
por si el viaje, de pronto, me pilla por sorpresa,
quisiera despedirme, ahora que tengo un rato,
escribiendo una carta de amor a quien la lea.
No lloréis mi partida, he conocido el mundo,
he sangrado en su herida, no he dormido de pena.
Solo siento que el grito de un puñado de polvo
no acabe con el hambre ni detenga la guerra.
Un consejo, si os sirve, de alguien que ya no existe,
solo tendréis aquello que deis a quien padece,
solo seréis felices con los brazos abiertos,
solo muere tranquilo aquel que lo merece.
Puedo garantizaros, porque os llevo ventaja,
porque tengo experiencia en haberme acabado,
que en el momento justo de partir para siempre,
uno solo se lleva el amor que ha dejado.
Os prometo que tuve ocasión de fallarle
a la gente que vino a tocar a mi puerta,
pero nunca lo hice.
Se puede ser ceniza, pero ceniza viva,
nunca ceniza muerta.

SOY UN FUTURO CADÁVER

Soy un futuro cadáver
que, antes de morirme,
quiero, dejarme bailados
todos los bailes del mundo entero.
Dejarme reídas
todas las risas,
caerme al suelo
destornillándome el alma.
Antes de morirme
quiero, andar todos los caminos,
subir a todos los cerros,
probar todos los sabores,
leerme todos los versos,
olerme todas las flores,
escuchar todos los cuentos,
conocer a más personas,
e ir atesorando besos.
Y el día que yo me vaya,
dejárselos a mis hijos
en su tarjeta de crédito.

ANTE EL ESPEJO

Me he mirado a los ojos
delante de un espejo
y he pensado:
No tengo los ojos
más bonitos del mundo,
ya quisiera tenerlos.
Pero cuánta paz guardan…
cuántas penas han visto…
cuántos pobres les caben…

PLEGARIA

No soy de las que rezan
al acostarse.
Comienza mi plegaria
cuando despierto.
Emprendo mi camino
hacia las cloacas,
y en las yagas de Cristo,
pongo mi beso.
Mi Cristo dolorido,
mi Cristo ajado,
mi Cristo triste,
enfermo y apaleado.

ME REBELO

Me rebelo, lo siento,
me resisto a callarme.
De lo que no pronuncie
también soy responsable.
Que salgan de mi boca
incómodas verdades,
que no me calle una,
no sea que me atragante.
Tenía dos opciones:
ser valiente o cobarde.
Elegí la primera,
que era la menos fácil.
Y heme aquí,
defendiendo a los que no dan votos,
a los cristos desnudos,
desahuciados y rotos.
En los años que tengo
no he visto a un presidente
ir a hacerse una foto
debajo de los puentes,
donde hay tantos hermanos
viviendo en un infierno.
Me resisto a callarme,
me rebelo, lo siento.

QUÉ HAMBRE

Qué hambre que tengo
de hacer cosas buenas,
de cantar canciones,
de escribir poemas.

Qué hambre que tengo
de ir puerta por puerta,
regalando abrazos
y quitando penas.

Qué hambre que tengo
de llenar la tierra
de palabras hondas,
de miradas tiernas.

Qué hambre que tengo
de hacer cosas buenas,
de bajar la luna
a quien ande a tientas.

Qué hambre
de hacerte la vida más bella,
de quitarte el miedo
para que te duermas

Oh, tiempos,
oscuros tiempos,
tiempos de matar poetas,
de revivir dictadores,
tiempos de segar las flores
y sembrar las escopetas

A lo mejor estoy loca por completo y no lo sé,
porque en los tiempos que corren,
defender a los más pobres
es quizá de no estar bien.

No te canses de ser buena persona,
que, aunque suele cansar, es necesario.
No te canses de ser buena persona,
es una obligación del ser humano.

Necesito que me hable con dulzura.
No soy, tal vez, quien quiere usted que sea,
mas soy una persona
que merece también que se le quiera.

Aquí tiene mis manos, si hace falta.
Mi corazón es suyo por completo,
y si vuelve a encontrarme en esta vida,
haga el favor de hablarme con respeto

He pecado, señor cura,
una vez detrás de otra,
reincidí mil veces, padre,
dejé de besar mil bocas.

Perdóneme, si es que puede,
este pecado mortal,
que mil veces me arrepiento
de no haber besado más.

No volveré a reincidir,
que no quiero ir al infierno.
Desde hoy prometo, padre,
no dejar de dar ni un beso.

Como suspiran las madres,
nadie sabe suspirar.
Ellas tienen la patente
de los suspiros que dan.
Se llevan la mano al pecho,
cierran los ojos y expiran.
Es como si se murieran,
pero vuelven a la vida.
El suspiro de una madre
es un acontecimiento,
es una consagración,
yo he tenido el privilegio
de asistir presencialmente
a ese delicado instante
en que el mundo es redimido
cuando suspira una madre.

Tengo una duda hace tiempo
y te quiero preguntar:
por criticarme tú a mí,
¿quién te paga tu jornal?

Las horas que tú dedicas
diciendo de mí idioteces,
¿las pones de tu bolsillo
o te las paga tu jefe?

¿Trabajas por cuenta ajena?
¿Descansas fin de semana?
¿Cuántas horas extra echas
criticándome a mi espalda?

¿No te tomas vacaciones
ni te piensas jubilar
de darle trote a la lengua?
Porque eso debe cansar.

No sé si estás cotizando,
pregúntale a tu asesor,
porque va a ser una pena
que no te quede pensión.

Después de toda tu lucha
por tirarme a mí por tierra,

después de echar tantas horas
que te quede una miseria,

no me parece lo justo,
porque tú haces tu labor:
levantarte bien temprano,
encontrar a quien te escuche
y contarle quién soy yo.

Saberte mi vida entera,
cuánto gasto, cuánto debo,
cuándo entro, cuándo salgo,
lo que como, lo que bebo...

Menudo castigo tienes,
espero que cobres bien,
porque si lo haces de gratis,
más torpe no puedes ser.

Bien sabe el Señor del cielo
que te tengo compasión,
pero ya que usas mi imagen,
dame lo que corresponde
por mis derechos de autor.

Gracias, mamá, por salvarme del racismo.
Cuando éramos pequeños ya nos hablabas de toda esa
gente rota del mundo. Nos enseñabas a mirar
más allá de nosotros mismos, a entender que hay
vidas atravesadas por el dolor, la injusticia y la
oledad, la inmigración…
Desde muy pronto nos convenciste de que la vida no
consiste en apartarse de los más reventados del
mundo, sino en estar cerca de ellos, en no darles la
espalda. Nos hablabas de la tristeza de los demás
como si fuera también un poco nuestra, como si la
humanidad fuese una sola casa donde nadie debería
quedarse fuera.
Tú ya tenías esa compasión, ese amor profundo por la
gente, por todos. Nos recomendabas abrir el corazón,
especialmente a quienes cargan más tristeza, a
quienes la vida trata peor.
Gracias por enseñarnos a mirar así.
Gracias por salvarme del racismo, del desprecio, del
señalamiento hacia los más pobres del mundo.
Gracias, mamá, gracias…

Me alejo de mi infancia
a pasos de gigante.
Me dejó a la inocente criatura que era entonces,
sola en aquel barrio,
gritándome que vuelva,
que la defienda ahora de aquel perro inmenso,
que la saque del cuarto oscuro de la escuela
donde el injusto maestro la metió aquella tarde.
Jamás volvió a dejarse
los deberes a medias,
pero empezó a tomarle
miedo a la oscuridad…

A menudo me pregunto
cuál sería la droga que usaría
para sentirme alguien,
en qué cárcel
me tendrían presa,
de cuántos hombres
hubiera sido objeto,
de cuántas hambres
hubiera sido cebo,
si yo hubiera nacido
en la cueva de Juana...

Sé que estoy en el mundo
porque de todo haya.
Sé que debo marcharme.
Sé que cuando me vaya
y no quede ni rastro de mi estancia,
ni quede el eco
de las voces finas
del feliz alboroto de mi infancia,
ni queden los papeles de mi mesa,
ni queden los zapatos con que ando,
ni queden mis pisadas en la tierra,
sé yo muy bien
que cuando
alguien coja
mi libro de poemas
para arrojarlo al fuego,
entonces todo habrá terminado.
Y sé que luego
no quedará constancia
del tiempo que he pasado
sentada en mi banqueta,
borrando con la tinta de mi pluma,
el tremendo blancor
de mi libreta.

De ahora para atrás,
me da igual cuánto tiempo haya pasado,
me sabe todo igual,
lo añoro todo
y todo está lejano.
Ya nunca volveré
a palpar como ahora
este segundo.
Al abismo se fue
junto a todo el pasado
de este mundo.
Y le grito a este "ya"
que se quede conmigo
mucho tiempo.
Mirad por dónde va,
de la mano
de todos mis recuerdos…

ERA DOMINGO

Era domingo,
lo sé perfectamente,
o a lo mejor estoy equivocada.
Puede que fuera lunes,
no me acuerdo.
Aquello no era día
ni era nada.
Amaneció,
no sé por qué tampoco.
Debió haber sido
noche eternamente.
Debí haber cogido
a Dios de la pechera,
no lo hice
por prudente.
Era domingo, creo,
no hagas caso.
Pudo ser,
como pudo no haber sido.
Yo solo sé una cosa:
no debió
nunca haber amanecido.

Atrás dejé mi casa blanca
en la colina muerta
y me juré volver.
Hoy he pasado por allí en sueños
y está rota
la puerta de madera.
La hamaca que no está
debajo de esa sombra
era el lugar favorito
de mi abuela.
Y el hueco de la poza
ya no da de beber
a los gorriones.
Será que un vendaval
pegó fuerte una tarde,
o el tiempo,
que termina por fundirlo todo.

Yo nací del vientre
de una madre grande.
Crecí en las entrañas
de un pueblo pequeño.
Tuve la fortuna
más vasta del mundo
en una alcancía
con forma de cerdo.
Disparé a la luna
con un tirachinas
una noche amarga,
sedienta de leche.
Me costó trabajo
distinguir la vida
en algunos casos
de la misma muerte.
—¿Qué serás, pequeña,
cuando te hagas grande?
—¿Qué serás, pequeña?
me decía la gente.
Aún no alcanzaba
ni el metro de altura
y ella contestaba:
—Quiero ser valiente.
—Quiero ser poeta
de la gente triste.
No olvidar a nadie
que tenga una pena.

Crecí en las entrañas
de un pueblo pequeño
y nací del vientre
de una madre buena.
No olvido los lodos
en los que he remado.
Soy de la estatura
de quien tengo enfrente.
Aún no ha nacido
ningún ser humano
que busque mis manos
y no las encuentre.
Puede que enloquezca
de tanta cordura.
Puede que enmudezca
de gritar tan fuerte.
Pero si me duermo
por todos los siglos,
por todos los siglos,
dejadme que sueñe
que es posible un mundo
para los que sufren,
que es posible un mundo
para los que sobran,
que es posible un mundo
para los que pierden
y es posible un mundo
para los que estorban.
Aún no alcanzaba
ni el metro de altura
y ya contestaba:
—Quiero ser poeta.

Aún no ha nacido
ningún ser humano
que no tenga un sitio
en mi humilde libreta.

Me afilié a tu partido,
yo que era de los otros.
Me aficioné a la esgrima,
que a mí qué más me daba.
Hasta creí en tu Dios…
Y todavía preguntas
hasta dónde te quise…

Me da envidia de todos los poetas
que saben escribir como es debido,
y yo,
que solo sé hacer garabatos,
vivir en el olvido.
Sé que están en el aire las palabras,
esperando la pluma bondadosa
de todos los poetas
que quisieran contarnos cualquier cosa.
¿En dónde se encontró Pablo Neruda
aquella su canción desesperada?
¿Cómo juntó San Juan aquella noche
amado con amada?
¿Cómo encontró Saint-Exupéry al Principito?
¿Dónde encontró Jiménez a Platero?
¿Dónde encontró Cervantes al Quijote,
los sueños, a Quevedo?
¿Ya lo han contado todo otros poetas?
¿No me han dejado a mí nada bonito?
¡Me conformo pensando algunas veces
cuánto no se habrá escrito!

Adoquines de plata
de la ociosa placeta
que pintaba con tizas,
bien escasa mi edad.
¿Cuándo fue que una lluvia
os borró mi rayuela,
adoquines de plata
de mi pueblo natal?
Luz flamante de luna
que alumbraba mis juegos,
¿cómo fue que una tarde
desaprendí a jugar?
Noches negras y errantes
que estrenabais mi miedo,
¿qué será de las brujas
que me hicieron llorar?
Ya no espero que un cuento
como a un ángel me duerma,
ni pongo mis zapatos
de niña en el balcón.
¿Cómo fue que los Reyes de Oriente
se enteraron
que inesperadamente
ayer me hice mayor?

BRILLO EN TUS OJOS

Dice Pablo Neruda que muere lentamente quien evita una pasión, quien prefiere los puntos sobre las íes a un remolino de emociones. Justamente las que rescatan el brillo de los ojos. La vida está llena de instantes que rescatarían el brillo de nuestros ojos si un tribunal académico no hubiera deliberado que locura y cordura eran antónimos.

Ahora es muy posible que algunos de nosotros tengamos que morir totalmente cuerdos. Yo echo de menos desde hace años a un doctor en locura, alguien que me hubiera explicado en su momento que la pena es más llevadera si se disfraza de colores, que tomarse un biberón de leche en la cama no tiene edad, que no siempre se escriben con mayúscula los nombres propios y que la hora del recreo no tiene por qué ser más corta que la de matemáticas.

Echo de menos a un profesor loco que me hubiera quitado esa manía tan cuerda de no saludar a quien no conozco, que me hubiera enseñado a hablar sola, porque es necesario comunicarse con uno mismo en voz alta, que me hubiera enseñado a bailar como si nadie me viera y a callarme cuando sabía una pregunta, porque los cuerdos son tan aburridos, que responden siempre cuando saben algo.

Un licenciado en chiflados que hubiera sabido
rescatarme el brillo de los ojos. Cuando uno
se da cuenta tiene la mirada tan opaca que
hasta la muerte es inútil. El brillo de los ojos se
rescata cuando damos un beso inesperado al
cartero que nos trae noticias de lejos, a la cajera
del supermercado que nos ayuda a meter la
compra en las bolsas. Se rescata cenando de día y
desayunando de noche, los cuerdos tienen la vida
llena de normas y de horarios y no son capaces
de dar una palmada de más en esa función que
tanto les ha gustado. Tienen envidia de los locos
porque éstos siempre tienen ese grito en la boca
que los desahoga de su pena y porque no les
importa saltar en medio de la calle para mostrar
su alegría ni les importa inventarse que son hijos
de Aristóteles para sacar a los cuerdos de su
aburrimiento.

Los locos son las únicas personas a los que la
muerte encontrará vivos cuando vaya a buscarlos.
Al resto nos dará de lado y viviremos siempre
evitando pasiones, viendo blanco lo blanco, negro
lo negro, muriendo lentamente, desechando
emociones, justamente las que rescatan el brillo de
los ojos.

Frente al grave silencio de su foto,
un puchero me arruga la barbilla.
En la alcayata del salón descansa,
adornando la luz de una bombilla.
Para siempre descansa sobre el yeso
de la blanca pared callada y fría.
Su mirada se extiende, congelada,
por la vasta llanura de la mía.

Me presento ante ti, soy pecadora, y lo
siento del alma en lo profundo.
Pero vengo del mundo, Dios, vengo del
mundo…

…Y cuatro de los míos
me alzarán sollozando.
Iré ya sin color,
sin orgullo ni rabia.
Resolverá la tierra
mis dudas de inmediato.
Se pudrirán conmigo
los besos que no di…

Si acaso te arrepientes
de habérmela quitado,
devuélveme la vida.
Recupera mis miembros esparcidos
y encuentra mi sonrisa en el andén.
Me urge, llego tarde a un abrazo.

SUEÑO EN LAS MANOS

Tengo sueño en las manos
posadas en un folio vacío
que tirita, mortal,
irremediable...
Se me mueren las manos,
agonizan aquellas
que pasaban las noches
abrazando a mi pluma
lo mismo que a una madre.
Si nada las remedia,
se me mueren las manos.
Aquellas que cruzaban
campo a través
las hojas repletas de palabras,
infladas como sapos
de tanto que decir.
Se me mueren las manos,
las que eran mariposas en una biblioteca,
las que inquietas peinaban
hacia atrás mi ocurrencia,
las que daban palmadas
a mi frente vacía.
Mis manos se me mueren,
las hondas, las profundas,
las extensas, las breves,
las que fueron un día mis manos y mis pies.
Que llenaron pizarras en el aula sombría,

que escribieron poemas
en el blog de francés,
en el tronco del pino,
en los muros del patio,
en las piedras del río.
Se me mueren de sed.

—Prométeme que me llevarás un ramo
al cementerio...
—Si me prometes que tú saldrás a olerlo...

Lee mucho para saber quién eres…

Soy solamente una mujer sencilla,
no tengo la verdad, ¡qué más quisiera!
Yo no sé casi nada de la vida
y tengo más preguntas que respuestas.

He tropezado yo no sé las veces,
algunas menos de las que me quedan.
Pero sigo entrenando a mi sonrisa
para que no le falten nunca fuerzas.

Hay ocho mil millones de habitantes
en el planeta Tierra, por eso tengo yo
ocho mil millones de abrazos
de alegrías y de penas.

Y un día de pronto te das cuenta de
que tienes la edad de tus abuelos…

Si llegara el momento de preferir marcharte,
porque tal vez la vida te proponga otros planes...
Si por mucho que quieras tu corazón no baila
cuando escuches la llave de la puerta de casa...
Si hace tiempo que cierras los ojos
intentando
detener un diluvio,
¿a qué estás esperando?

Si te sobran los días conforme te despiertas...
si las noches te sobran,
si te faltan las fuerzas
para decirme aquello
que me hará tanto daño...
no tardes ni un minuto.
¿A qué estás esperando?

Si has sentido algún día que te has equivocado,
rectifica, amor mío, márchate de mi lado.
Llegas tarde a tu vida, alcánzala corriendo,
no mires al pasado,
aunque me esté muriendo.

¿Dónde voy a guardarte, que quepas?
¿Qué cajón guardará este pecado?
Vete tú, yo no puedo dejarte,
no querrás condenarte a mi lado.

Para hacer este bello pecado
le pedí a Dios primero permiso.
Como no me lo ha dado,
me condeno por ti, si es preciso

MIS AMIGOS

Estos son mis amigos,
los que siempre han estado,
los que guardo en el alma.
Esos que uno agradece
que aparezcan de pronto
y se sienten al lado
de una madre que parte
hacia quién sabe dónde
y hasta quién sabe cuándo.
Estos son mis amigos,
los que están en mis penas,
los que no me abandonan
cuando saben que sufro.
Son la mano extendida
en ocasos muy duros.
Son el guiño, la calma
y el abrazo infinito.
Son aquellos amigos
que uno sabe que tiene,
que uno sabe que existen
sin hacer casi ruido.
Pero siempre descuelgan
una llamada urgente,
siempre están en tu puerta
si les dices que acudan.
Nunca tienen problemas
para dejarlo todo
y te prestan sus ojos

si te quedas a oscuras,
y te prestan un rato
sin pensarlo su vida
y se quedan sin ella
cuando a ti te hace falta.
Estos son mis amigos,
los que siempre han estado
en los pozos más hondos
y en las horas más largas.
Estos son mis amigos,
los que nunca se esconden,
los que ponen la cara,
los que curan mi herida,
los que adornan su casa
y me invitan a ella,
los que encienden la lumbre
en la noche más fría.
Estos son mis amigos,
los que sé que están siempre,
los que un lunes cualquiera
te construyen la feria,
los que nunca me exigen,
los que siempre perdonan,
los que curvan mi boca
cuando ven que está seria.
Mis amigos son estos,
los que nunca se cansan
de pintar en mi cielo
un puñado de estrellas,
los que ponen un circo
cuando lloras a mares,
los que visten mi vida

de colores y seda.
Estos son mis amigos,
mis queridos amigos,
los que siempre me abren
cuando llamo a su puerta.

He apresado a la luna
con la tela metálica,
de mi ventana humilde
para que no se vaya…

Qué bellas las personas
en todas sus edades.
Desde el mismo momento
que una criatura nace,
comienza la belleza
y se vuelve imparable.
Y un día, cuando llegas
al final de tu viaje,
te mueres de belleza
porque ya no te cabe.

Mi casa huele a hijos,
huele a amor,
huele a calma.

Mi casa huele a paz,
a sosiego,
a palabra,
a consuelo,
a ternura.

Mi casa huele a lágrimas,
huele a risa y a luna,
huele a sol,
huele a alma,
a corazón,
a sueños,
a luz,
a confianza,
a vida,
huele a vida,
a verdad,
a esperanza…

Mientras tú te peleas
y te enrabias
y sufres
y te llenas de odio,
y te come la ira…
Mientras tú te lamentas,
desperdicias un beso
y condenas al mundo
a perderse tu risa.
Mientras tú no perdonas,
mientras das un portazo
rechinando los dientes,
se te escapa la vida…

¡Qué poco sé!
No sé nada
de tanto que hay por saber.

Ahora que se sabe todo,
pienso yo:
¿yo de qué sé?

Nada sé yo, madre mía,
y el mundo sabe de más;
unas veces me da risa
y otras me da por llorar.

¡Qué pena saber tan poco,
donde tanto hay que saber,
y tener que irme yo un día
con todo por aprender!

Basta ya de tonterías.
Salvemos a las personas.
¿Qué más da si existe el cielo?
¡La vida es aquí y ahora!

He visto espaldas rotas
de cargar sufrimientos,
personas cabizbajas,
gargantas que se ahogan.

He visto corazones
quebrarse en mil pedazos,
almas atravesadas
por helados cuchillos,
estómagos vacíos,
madres ninguneadas
que me han dicho al oído:
«Ojalá no amanezca».

He visto soledades
que nadie se creería,
abuelos en rincones
que ya lo dieron todo.

He visto niñas y niños
sin futuro a la vista;
les tocó en un sorteo
revolcarse en miseria.

He visto a gente hundida
viviendo en vertederos,
con chinches y con ratas
y aquí no pasa nada.

SERÉ CENIZA VIVA...

Nos vamos yendo todos, poco a poco,
cedemos nuestro sitio a gente nueva;
llegarán a este mundo sin pedirlo,
yo estaré, para entonces, bajo tierra.

Seré ceniza ya, ceniza viva,
que les pide que lean este poema.
Bien llegados al mundo, sean amables,
llenen el corazón de cosas buenas.

Yo estuve por aquí, tuve alegría,
¿cómo, si no, aliviar alguna pena?
¡Ay, si pudiera estar en ese mundo
resolviendo penurias y problemas,

llegando a los rincones más oscuros,
abriendo las ventanas y las puertas,
calmando soledades, hambres, fríos,
bajándole a los tristes las estrellas!

¡Ay, si pudiera estar en ese mundo
en el que usted se encuentra,
tratando de encontrar a quien se pierde,
gritando «no» mil veces a la guerra!

Cuánto tontos son los tontos,
y cuánto listos los listos,
que entre unas cosas y otras,
unos y otros son lo mismo.

Cada segundo es una despedida,
un adiós a uno mismo sin regreso.
Nuestros pies nos alejan de nosotros.
Yo me alejé de mí sin darme un beso.
Y ahora suelo buscarme entre las fotos
del cajón de mi mesa carcomida
y en la casa encalada de mi abuelo,
donde pasé gran parte de mi vida.
Suelo buscarme en la baldosa fresca
que aliviaba mis noches estivales,
y en la acequia del agua jabonosa
donde me capuzaban los zagales.
¡Ay, si yo me encontrara nuevamente
con aquella criatura pequeñuela!
¡Si yo pudiera darle la manita,
guiarla sonriendo hasta su escuela
y sentarme a su lado en el pupitre
para poder copiar de su cuaderno!...
Si yo pudiera, ¡ay!, volver al barrio
donde tanto calor pasé un invierno,
donde tanto corrí para ser grande,
donde tan pocos años fui pequeña,
donde fui capitana de cien mares,
donde fui del universo dueña…
¡Ay, si yo me encontrara a esa criatura
que supo alguna vez todas las cosas!
¿Qué será de sus ojillos negros?
¿Qué será del olor de aquellas rosas

que hubo en el huerto de su fantasía?
¿Qué será de su muñeca tuerta?
¿Por dónde se escapó la niña mía?
Debí haber cerrado bien la puerta,
debí haber atado con cadenas
su corazón al mío.
Haber llenado
con palabras suyas
este pedazo de papel vacío.
Vacía está mi cara sin sus besos,
mi ropa sin su cuerpo está vacía.
Debí haber atado su alma al alma mía.
Mis pasos van en dirección contraria
a esa niña inocente y pequeñuela
y poco a poco se me va olvidando
lo que a ella le enseñaron en su escuela.

Allí te me quedaste,
jugando a ser mayor con tu libreta.
Aquí estoy yo,
con todas mis facturas,
intentando jugar a ser pequeña.

Para hacer este bello pecado,
le pedí a Dios primero permiso.
Como no me lo ha dado,
me condeno por ti, si es preciso.

Suspendí varios cursos en la escuela,
alcancé pocos sueños en la vida,
en todas las batallas he perdido
y aquí sigo
entregando el corazón,
el hígado,
las vísceras,
la sangre,
los riñones,
el alma
y el aliento.
De nada que he entregado me arrepiento.
Mi mejor inversión es lo que he dado,
a pesar de lo poco que he tenido.
Lo poco que entregué me lo ha devuelto
la gente que, al pasar, me ha sonreído.

Llegó el adiós que tanto detuvimos,
adiós irremediable y necesario.
Es hermoso saber que nos quisimos,
que me llevo tus besos en mis labios,
que me quedo tus risas en mi oído,
que las voy a escuchar de vez en cuando.
Y que no me condenes al olvido,
que es hermoso pensar que nos amamos…

El día que yo me muera,
diré en mi lecho de muerte:
¡Qué orgullosa estoy de mí!
¡Me alegré de conocerme!

He discutido conmigo,
hace días dejé de hablarme.
Me doy pena, no se crean,
pero tengo que educarme.

Y no me miro a la cara
mientras no me considere
que estoy hasta las narices
de ser quien el mundo quiere.

Quinientos euros al mes,
después de tanta batalla,
me han quedado de pensión,
me cuenta, llorando, Ana.
Quinientos… ¿quién paga la luz?
Menos mal que tengo mantas,
porque si enciendo la estufa
no puedo comprar patatas.
Todo esto a bocajarro,
las nueve de la mañana,
llorando como una niña
en la puerta de su casa.
¿Cómo pago el alquiler,
el teléfono y el agua?
Quinientos euros al mes,
después de tanta batalla.
Esta mañana, temprano,
en la puerta de su casa,
con el pelo despeinado,
en zapatillas y bata,
agotada de vivir,
he visto llorar a Ana.

Tronco marrón, callado,
sereno, retorcido
por los vientos de Gebas...
Podría hacer contigo
papel donde descanse
un poema bonito,
una guitarra acaso,
o la cuna de un niño...
Podría hacer un cáliz donde descanse Cristo,
o un fuego de colores azul, rojo, amarillo,
que caliente mis manos cuando tiemblan de frío.
Podría hacer un lápiz,
las aspas de un molino,
el mástil de un velero,
el brazo de un martillo...
Tronco gigante, viejo,
podría hacer contigo
una talla preciosa
del rostro de mis hijos,
o un cofre que guardase
la foto de mi madre,
la foto de mi padre.
Podría hacer contigo
un puente, ya lo creo,
querido tronco mío,
un puente, buena idea,
para cruzar el río.

¿Cuántas cosas podría
hacer, tronco, contigo?
Un mueble, unos pendientes,
una mesa y un libro,
un piano de cola,
una guitarra, un trillo,
o un cofre que guardase
la foto de mi madre,
la foto de mi padre,
pero te quiero vivo…

Yo conozco el idioma de quien sufre,
no tiene que decir ni una palabra.
Hay un "yo no sé qué" que se adivina, un temblor.
Hay un grito que se calla,
a veces solamente es un suspiro,
es la voz que se hunde en su garganta.
Es un «yo no sé qué» que se adivina,
es una cicatriz en la mirada…

La Fea Burguesía
— EDICIONES —

Este libro, *Ceniza viva*,
se terminó de imprimir en abril de 2026

COLECCIÓN POESÍA